GALERIE THÉATRALE

CHOIX
DE
PIÈCES NOUVELLES

L'Atelier de Demoiselles

PRIX : 50 cent.

PARIS
AU MAGASIN CENTRAL DE PIÈCES DE THÉATRE
ANCIENNES ET MODERNES
Rue de Grammont, 14

L'ATELIER DE DEMOISELLES

ou

L'APOTHICAIRE DE PONTOISE

VAUDEVILLE EN TROIS ACTES

Par M. CH. PAUL DE KOCK

Représenté, pour la première fois, à Paris, sur le théâtre de la Gaîté
le 6 février 1848.

PERSONNAGES.	ACTEURS.
POLKA, maître de danse	MM. LESUEUR.
PISTON, musicien	CHARLET.
CIVET, traiteur	ROZIER.
CLISSOIR, pharmacien	SERRES.
PÉTRIN, jeune pâtissier	PATURELLE.
Mme PINCÉE, maîtresse couturière	Mme MÉLANIE.
IDALIE	Mlles ÉLÉONORE.
BIBINE } apprenties couturières	LAGRANGE.
ANGORA	CLARA BLUM.
TOPETTE	LÉONTINE.
COUTURIÈRES.	
MASQUES.	

ACTE PREMIER.

L'intérieur d'un atelier de couturières. De grandes tables sur les côtés ; de grands cartons hauts et ronds. Portes au fond et latérales.

SCÈNE I.

IDALIE, BIBINE, ANGORA, TOPETTE, COUTURIÈRES.
(*Au lever du rideau, les jeunes filles sont en train de travailler, assises devant les grandes tables.*)

ENSEMBLE.

Air : *La Chasse, etc.*

Courage ! (*bis.*)
Faut travailler sans se lasser ;
L'ouvrage (*bis.*)
Finira p't'êtr' par avancer...
Puis nous irons danser,
Nous amuser...
Ah ! quel ramage !
Faut bien en carnaval
Se donner un p'tit air de bal !...

BIBINE. Elles sont bien heureuses, celles qui iront danser... Mais tout le monde ne s'amusera pas cette nuit.

IDALIE. Ah ! non !...

ANGORA. Ah ! non !...

TOPETTE. Que d'ah ! non !..., mesdemoiselles? Je n'ai plus de fil, qui est-ce qui m'en passe?...

BIBINE. En use-t-elle du fil, cette Topette..

Tu n'en auras jamais assez pour tes vieux jours...

TOPETTE. C'est pas pour mes vieux jours que j'en demande, c'est pour le jupon de cette dame.. qui est ouaté...; vous savez bien cette vieille blonde... à points arrière... Ça se fait bourrer de crinoline... Elle espère donc encore attraper quelqu'un?

ANGORA. Qu'est-ce qui a les ciseaux?

TOPETTE. Ils sont sous ton nez, grosse serine... Tu l'as pourtant assez long..., tu devrais les toucher avec...

ANGORA. Mamzelle Topette, pour la dernière apprentie, vous avez le verbe bien haut.

TOPETTE. Ah! le verbe..., ce genre!... Elle nous parle latin, à présent?... Une aiguille, s'il vous plaît? j'ai cassé la mienne...

IDALIE. Mais tu les casses donc toutes?... c'est au moins la dixième d'aujourd'hui.

TOPETTE. Est-ce ma faute? quand on va pour les enfiler, crac..., bonsoir..., plus personne.

IDALIE. Dire que c'est aujourd'hui dimanche gras, et que madame Pincée ne veut pas nous laisser jouir de nos droits sociaux!...

TOPETTE. C'est donc vot' tuteur, madame Pincée?

IDALIE. Un peu, ce dont je bisque joliment!

BIBINE. C'est comme Angora et moi...; parce qu'elle est notre cousine au septième degré, elle nous traite comme des nègres... Du velours, s'il vous plaît?

ANGORA. Voilà.

TOPETTE. Vous êtes bien bonnes, mesdemoiselles, moi je me rebifferais...

IDALIE. Ah! tu fais ton embarras, et ça n'empêche pas que tu es bien petite fille devant madame...; et elle te fait faire sa cuisine!

TOPETTE. Elle m'a dit que c'était l'usage que la dernière apprentisse devait soigner le gigot... Avec ça, que madame Pincée est d'une gourmandise... Je suis sûre que la maladie qu'elle vient de faire ne provenait que d'indigestions amoncelées... Tenez, aujourd'hui, parce qu'elle va mieux, elle m'a fait lui acheter un poulet..

IDALIE. Ah! je lui passerais tous ses défauts si elle ne voulait pas me forcer à épouser ce vilain droguiste de Pontoise.

TOPETTE. Ah! M. Clissoir?... En est-elle coiffée de cet homme-là!... Moi, il me déplaît...; et puis, je lui trouve toujours un goût de rhubarbe...; j'exècre les apothicaires... D'ailleurs, on dit que ce sont tous des traîtres.

BIBINE. Tu aimes mieux ton petit Pétrin pâtissier.

TOPETTE. Ah! c'est ça un garçon aimable! Il m'apporte toujours des brioches...

IDALIE. Où donc as-tu fait sa connaissance?

TOPETTE. A la campagne, en cherchant des champignons...

AIR : *Vos maris en Palestine.*

En allant à la Villette,
D'abord il me fit la cour;
Près d'Asnières, sur l'herbette,
Il m'avoua, sans détour,
Son état et son amour...
A Pantin, c'était visible,
Que mes sens étaient émus;
Bref, il m'en dit tant et plus...
Que, pour lui, je fus sensible
Dans la plaine des Vertus!

BIBINE. Moi, j'ai connu M. Piston à Muzard...

ANGORA. Moi, M. Civet au Prado.

TOPETTE. Ah! Civet..., ce nom... Qu'est-ce qu'il fait votre Civet?

ANGORA. C'est un apprenti restaurateur en herbe... Il a déjà inventé deux sauces... Oh! il percera...

BIBINE. M. Piston est un artiste fort distingué... Il joue de tous les instruments... et même de la grosse caisse dans les orchestres... Il est très fort!...

TOPETTE. Il faut être fort pour taper là-dessus...

IDALIE. Tout cela ne saurait se comparer à M. Polka, le professeur de danse... Quel homme charmant!

TOPETTE. C'est vrai! c'est une vraie plume que cet homme-là!...

IDALIE. Et dire que madame Pincée s'oppose à ce qu'il soit mon mari!... Tout cela pour me faire épouser M. Clissoir...

BIBINE. Et qu'elle ne veut pas que nous recevions Piston et Civet...

ANGORA. Sous prétexte qu'elle a aussi des maris pour nous...

IDALIE. Oh! mesdemoiselles, si vous saviez quel joli rêve j'ai fait cette nuit...

TOUTES. Oh! voyons, voyons...

IDALIE.

AIR : *Au Palais-Royal.*

J'étais dans un charmant séjour
Où tout respirait l'allégresse!
Je crois que c'était chez Véfour,
On m'y régalait en princesse,
Je mangeais des cailles en caisse;
Mon amant d'un air attendri
Me nommait sa chère compagne...
Puis il demandait du champagne.
Nous allions boire du champagne
Lorsqu'hélas mon rêve a fini.

TOPETTE. Tu as rêvé que tu avalais des cailles en caisse..., c'est signe que tu mangeras de l'oie.

ANGORA. A vos rangs! voici madame!... (*Elles se remettent toutes à leur ouvrage.*)

SCÈNE II.

LES MÊMES, MADAME PINCÉE.

MADAME PINCÉE. Ah! je voulais faire une petite sieste qui m'aurait doucement bercée, mais impossible de reposer... On fait un bruit dans ce quartier!... Dormez donc quand les

ACTE I, SCÈNE II.

omnibus se croisent! Mes couleurs doivent être évaporées... Mesdemoiselles, me trouvez-vous bonne mine?

IDALIE. Madame est fraîche comme une rose pompon!

BIBINE. Madame a les yeux vifs comme une souris...

TOPETTE. Madame a des couleurs comme une betterave.

MADAME PINCÉE. Oui, ma santé revient... et l'appétit aussi... Topette, vous avez pensé à mon poulet?

TOPETTE. Vous êtes à la broche, madame... Oh! il est gentil tout plein...

MADAME PINCÉE. M. Clissoir m'a permis la viande blanche... Ça et beaucoup de sieste, voilà ses ordonnances... Je m'en trouve très-bien..., c'est à lui que je dois mon retour à la santé...; c'est un homme pétri de science... Ah! Idalie, que vous êtes heureuse qu'il vous ait distinguée!...

IDALIE. Mais, madame, je vous dis que je ne l'aime pas ce monsieur.

MADAME PINCÉE. Taisez-vous..., vous ne savez pas ce que vous aurez... Et combien de femmes seraient flattées d'avoir inspiré de tendres sentiments à M. Jonas Clissoir... Ah! Dieu!... (*A part.*) Et si moi-même je n'étais pas au régime de la viande blanche...

BIBINE. Mais, Angora et moi, nous n'épousons pas ce droguiste... Pourquoi donc éloigner nos amoureux?

MADAME PINCÉE. Parce que votre Piston et votre Civet sont deux mauvais sujets qui ne gagnent rien, et qui mangent tout... reposez-vous sur moi du soin de vous avoir des maris, mesdemoiselles... J'attends pour vous deux excellents partis du Maine.

TOPETTE. Je croyais qu'il ne venait que des chapons de ce pays-là!...

MADAME PINCÉE. Mademoiselle Topette... soyez donc à votre ouvrage... Travaille-t-on ici?... Et toutes ces robes de Camargo que je dois envoyer à Corbeil... Ces dames attendent après... c'est pour un bal... et elles ont si peur qu'elles ne s'abîment qu'elles m'ont exprès envoyé ces cartons, pour que je les emballe dedans.

TOPETTE. Tiens! je croyais que c'était pour des manchons ces cartons-là!...

BIBINE. Oh! madame, tout sera fini demain, nous en répondons... Et si vous vouliez nous permettre d'aller cette nuit à un petit bal de société, où on ne cancane pas... rue aux Ours...

MADAME PINCÉE. Par exemple!... je vous trouve bien effrontée, mademoiselle Bibine, de me parler de bal...

IDALIE. Mais, madame, c'est si gentil, la danse!... et il me semble que c'est de notre âge...

AIR: *Grisette mélomane.*

La danse est le plaisir
Qui sied à la jeunesse,
Et danser à loisir
Est mon plus grand désir!

Au bal chacun ira,
Partout c'est une ivresse,
On danse la polka,
Même la mazurka.
Ah! ah!
On dans' même cela
A l'Opéra...
Ah! ah!...
Quel plaisir que cela!...

MADAME PINCÉE.

Vos danses d'à présent
Effarouchent la vue;
L'air et le mouvement
Tout en est indécent;..
Avec vos *cache* tout ça...
Une femme est perdue,
Le galop, la polka,
Voyez, n'est-ce pas ça?...

(*Elle fait quelques pas.*)

Ah! ah!
Et l'on danse cela
A l'Opéra!
Ah! ah!
Ah! quelle horreur que ça!

LES DEMOISELLES. Ah! ah! bravo! madame!...

TOPETTE. Mais il me semble que madame a beaucoup de dispositions...

MADAME PINCÉE. Parce que je vous ai regardées, un jour que votre M. Polka vous donnait une leçon de danse. (*A part.*) Ah! si je pouvais, je danserais toute la journée... et toute la nuit!... (*Haut.*) Mesdemoiselles, fi! quelle horreur!... mais j'espère bien que ce M. Polka ne se présentera plus ici...

IDALIE. Mais, madame... cependant!...

MADAME PINCÉE. Je ne veux plus le recevoir...

TOPETTE. Pourtant, si ce monsieur venait se faire prendre mesure d'un corset ou d'une robe à ramages.

MADAME PINCÉE. Je ne fais pas de robes pour les hommes... entendez-vous, mesdemoiselles... Avisez-vous de prendre encore de ces leçons de danse, et vous verrez... Je remonte chez moi... je vais essayer de faire une petite sieste, jusqu'à ce que mon poulet soit cuit... vous, mesdemoiselles, ne quittez pas la besogne... Il faut que tout cela soit terminé demain... et tâchez de ne pas bavarder, de ne pas chanter si c'est possible... Vous, mademoiselle Idalie, vous chantiez hier *Je veux revoir ma Normandie!* qu'on vous aurait entendue de Rouen.

IDALIE. Ah! tout le monde n'a pas le bonheur de chanter comme madame...

BIBINE. Oh! oui, madame a une bien belle taille basse.

TOPETTE. Et quand madame se mouche! c'est comme une trompette!...

MADAME PINCÉE. C'est bon! c'est bon!... Je n'ai pas besoin de vos compliments!

(*Elle rentre à gauche.*)

TOPETTE. Elle est partie!... Le plus souvent qu'on ne va pas quitter l'ouvrage!

IDALIE. Et nous défendre d'aller au bal de M. Polka! qui sera délirant, à ce qu'on dit!...

TOPETTE. Et où l'on mangera de bonnes choses... c'est Pétrin qui fournit la pâtisserie... Il y aura des éclairs, mesdemoiselles... vous savez, de ces petits gâteaux remplis de crême que ça vous crève dans la main... c'est tout ce qu'il y a de plus fashionable en petit four...
(On entend chanter dehors:
O toi, dieu des zéphirs, etc.)
IDALIE. C'est M. Polka...
TOUTES. Ah! quel bonheur!

SCÈNE III.

LES COUTURIÈRES, POLKA.

POLKA, *entrant en dansant.*

AIR : *de la Sirène.*

O toi! dieu des zéphirs,
Dieu de la contredanse,
Quand j'accours en cadence,
Exauce mes désirs.
Vers vous, mes jouvencelles,
Mes tendres pastourelles,
Pour venir, j'ai des ailes,
J'amène les plaisirs!   *(bis.)*
Former vos pieds mignons,
C'est mon bonheur, ma vie!
Toute femme jolie
A droit à mes leçons...
Dansons toujours,
O mes amours!
Tant qu'on vivra,
On se trémoussera!

TOUTES.

Dansons toujours,
O mes amours!..., etc.

TOPETTE. A la bonne heure! v'là un homme qui vous met tout d'suite en train!...
POLKA. Salut, couturières des grâces... et des maigres... O filles ravissantes dont le talent embellit la beauté... même de celles qui n'en ont pas... Et vous, ô mon Idalie... ô mon adorée Idalie... ah! dieu! que ne suis-je avec vous dans vos bosquets!
IDALIE. Mes bosquets!... mais je n'en ai pas; je n'ai qu'un pot de réséda.
POLKA. Ceci est une figure relativement à votre nom, qui est celui d'un pays consacré à Vénus... A propos de figure... voyons ces pieds mesdemoiselles... ces coudepieds bien vite, s'il vous plaît?
(*Toutes les jeunes filles tendent le pied.*)
POLKA, *examinant.* C'est pas mal... tendez... tendez ferme. Il y a bien quelques pointes qui s'obstinent à regarder en l'air... mais nous corrigerons tout cela... Et voilà des coudepieds qui donneraient dans l'œil à bien du monde!... Ah! mesdemoiselles, je veux que cette nuit vous fassiez l'ornement de mon festival...
BIBINE. Mais madame Pincée nous défend d'y aller...
IDALIE. Et de vous recevoir...
ANGORA. Et de prendre de vos leçons...
POLKA. Ah! nous nous fichons pas mal de madame Pincée... Vous défendre de venir à mon bal!... mais figurez-vous donc que ce sera superbe!... D'abord, j'ai loué un local magnifique dans la rue aux Ours au quatrième au-dessus de deux entresols... C'était un atelier de peintre... ce sera très-joliment décoré. Des draperies, en toile à torchons pour imiter la tente d'Abd-el-Rhaman.... c'est tout ce qu'il y a de plus bédouin... Ensuite, illumination à *giorno*.
TOPETTE. Quèqu' c'est que ça, à giorno... un nouveau gaz?
POLKA. Eh! non, ma chère... à giorno veut dire à jour, ça vient du grec!
TOPETTE. Ah! bon! je comprends... j'ai une vieille robe qui est percée... qui est à jour... c'est une robe à la Giorno!..
POLKA. Bref, ce sera éblouissant. Ensuite, musique d'enfer... un violon, une petite flûte et dix tambours... c'est ça qui fait sauter!...
TOPETTE. Dix tambours!.. il y aura de quoi en crever...
POLKA. Quant à la partie des rafraîchissements, ce sera extrêmement soigné... il y aura un buffet couvert de gâteaux de plomb...
TOPETTE. Des gâteaux de plomb... ça doit être lourd ça...
IDALIE. Et c'est un bal d'invités... de société?..
POLKA. Oh! tout ce qu'il y a de meilleure société... on paie quarante sous à la porte... mais c'est pour les pauvres... messieurs Piston et Civet sont nommés commissaires... je leur ai même donné rendez-vous ici, pour savoir s'ils ont placé beaucoup de billets...
BIBINE. Ils vont venir?
CIVET (*en dehors*). Ohé! oup!...
PISTON. Ah! is!...
POLKA. Tenez, je les entends...
TOPETTE. Ce sont-z-eux!...

SCÈNE IV.

LES MÊMES, CIVET, PISTON.

ENSEMBLE.

AIR : *Pantalon, jolie fille.*

Pour égayer nos loisirs,
Vivent les jeux, les plaisirs,
L'amour, les bals, les banquets,
Les crêpes et les beignets!...

CIVET. Salut au beau sexe!... mademoiselle Angora, voulez-vous me permettre de vous offrir ce beignet qui n'est pas en carton!... vous pouvez mâcher sans crainte...
PISTON. Mademoiselle Bibine, permettez-moi de vous régaler de cette crêpe, dont vous pouvez faire part à vos amis et connaissances... (*Il développe une crêpe immense.*)
BIBINE. Ah! vous êtes bien bon, monsieur Piston!...

ACTE I, SCÈNE V.

POLKA. Fichtre! quelle crêpe! on pourrait s'en faire un crispin!

CIVET. D'autant plus qu'on porte des crispins en crêpe.

TOPETTE (*à part*). Et ce petit Pétrin qui ne m'a encore rien apporté!

POLKA. Quelles nouvelles, messieurs?... les billets de mon bal?...

CIVET. On se les arrache... J'en ai placé cinquante à des commis marchands... trente chez des traiteurs, vingt dans des théâtres... total cent!...

PISTON. Moi, j'en ai fait prendre quarante à des artistes, et autant à des demoiselles de magasin, total quatre-vingts.

POLKA. Bravo!.. quatre-vingts et cent... ça fait cent quatre-vingts... et on tient soixante-quinze personnes dans ma salle... on sera un peu foulé, mais ça n'en sera que plus gai. Quand on ne se marche pas sur les pieds, c'est un bal manqué. Et les fonds sont-ils rentrés?...

CIVET. Payé rubis sur le pouce... (*Il frappe son gousset.*) On a de l'os...

PISTON. Il n'y a qu'un épicier, auquel je proposais un billet et qui n'a voulu me le payer qu'en rat de cave... ma foi, je les ai pris... voilà le paquet.

POLKA. Tu as bien fait... je les placerai dans l'escalier, cela remplacera le gaz... Mais cette susceptible Pincée qui ne veut pas que nos objets viennent à ma fête!...

CIVET. Bah! nous avons déjà loué pour ces demoiselles trois jolis costumes de titis... débardeurs...

ANGORA. Ah! ma chère!... des titis... tout ce qu'il y a de plus bon ton...

BIBINE. Nous serons donc en hommes?

PISTON. Certainement, pour mieux dérouter les soupçons...

TOPETTE. Moi, je me déguise en trumeau... et Pétrin en berger de Syracuse...

CIVET. Il paraît que décidément Topette donne dans le Pétrin.

POLKA. Voyons, mesdemoiselles, pendant que nous avons le temps, vite une petite leçon de danse, et répétons les figures que nous devons danser ce soir...

IDALIE. Mais si madame Pincée descendait?

TOPETTE. Il n'y a pas de danger... elle fait son *assiette*... son petit dodo... en attendant son souper...

LES JEUNES FILLES. Ah!... oui... oui... une leçon!...

POLKA. Attention, belles élèves... les pieds en dehors... messieurs, vous êtes mes prévôts... ah! diable!... j'ai oublié ma pochette!...

PISTON. J'ai mon piston sur moi... je vais en jouer...

POLKA. Alors, va, Piston... (*Toutes les jeunes filles se placent.*)

AIR: *Cachucha d'Hornille.*
Première position!
De l'attention!
Et qu'on plie...
Pliez! pliez beaucoup!
C'est surtout de bon goût
Un léger mouvement.
Tournez doucement!...
Idalie!...
Faites comme cela!
Et l'on vous claquera.
Maintenant enlevez votre jambe
Ce pas là vous donne du moelleux!
Il vous rend le jarret plus ingambe,
Vos danseurs s'en trouvent plus heureux.

Civet, soutenez donc, mademoiselle là-bas, qui irait finir sa pirouette sur le carré...

Allons, des battements.
Par les jolis temps,
Dans la danse,
On acquiert de l'éclat;
Surtout pas d'entrechat!
Puis, par le pas du rat
Fait avec élégance,
Terminons tout cela!...
En mesur'! C'est bien ça!..

un ensemble général...

(*Ils terminent la leçon, Clissoir entre sur le tableau.*)

SCÈNE V.

LES MÊMES, CLISSOIR.

CLISSOIR. Eh bien! ça va pas mal ici!... Diable! il paraît que les couturières se donnent du mouvement!

TOUTES. Monsieur Clissoir!...

POLKA. Qu'est-ce que c'est que ça, Clissoir?...

IDALIE. Un apothicaire... le médecin de madame... celui auquel on veut me marier.

BIBINE. Et qui est cause qu'on nous défend d'aller au bal!

TOPETTE. Et qui voudrait nous purger toutes.

CIVET. Il a bien une tune d'apothicaire!...

PISTON. Il sent l'ipécacuanha...

CLISSOIR. Comment, mademoiselle Idalie, vous vous livreriez aussi à des exercices gymnastiques?.. Je vous l'ai dit, mesdemoiselles, c'est très-contraire à la santé; d'abord, on risque de se fouler le pied...

POLKA. Attends... je te vas fouler la rate, à toi!...

IDALIE. Nous dansions, monsieur..... il me semble que cela ne peut jamais faire de mal...

CLISSOIR. Vous êtes dans une grave erreur... c'est contraire aux lois de l'hygiène... D'abord, vous comprenez... quand vous sautez... toute votre personne remue, ça produit un bouleversement dans votre équilibre... et l'état normal étant renversé... alors... Qu'est-ce que j'ai donc fait de ma tabatière?... (*Il se tâte.*)

POLKA (*allant à Clissoir*). Dites donc, monsieur... combien faites-vous payer par cachet pour vous entendre... c'est que vous me paraissez bien savant!

CLISSOIR. Je m'en flatte, monsieur; j'ai étudié à Pontoise... c'est là où j'ai suivi mes cours, et où l'on m'a reçu docteur et apothicaire *per fas et nefas.*

Civet. Ah! monsieur revient de Pontoise?...

Piston. Vous en avez bien l'air...

Topette. Je croyais qu'il ne venait que des veaux de ce pays-là?...

Polka. Et vous voulez épouser mademoiselle Idalie... et marier Bibine et Angora?...

Clissoir. Comme vous dites, ce sont mes intentions, et madame Pincée les a ratifiées... Si j'étais un Turc, j'aurais volontiers épousé toutes ces demoiselles... Mais, comme en France ça ne se fait pas, je me bornerai à jeter un seul mouchoir... Ah! je l'ai retrouvée.

Topette. Votre mouchoir?

Clissoir. Non... ma tabatière.

Polka. Dites donc, mesdemoiselles, vous auriez dû jouer monsieur au doigt mouillé... pour savoir à qui l'aurait...

Clissoir. Qu'est-ce à dire? est-ce que ces jeunes freluquets auraient l'intention de se moquer de moi? Messieurs!... il me semble que vous le prenez bien haut?...

Polka. Vous n'avez pas l'habitude de le prendre comme ça, vous, monsieur l'apothicaire?...

Clissoir. Pas de rébus, monsieur, je ne les aime point.

Civet. Épousez donc monsieur, pour devenir médecine.

Clissoir. Messieurs, qui êtes-vous, pour vous permettre de vous frotter à un homme de mon espèce?

Polka. Qui nous sommes?... les amoureux de ces demoiselles. Moi, Polka, professeur de danses modernes... j'ai le cœur d'Idalie... c'est assez vous dire qu'elle ne sera pas votre femme...

Clissoir. Qu'est-ce que j'entends?... il veut me souffler ma prétendue!... et madame Pincée tolère cela!... elle souffre que ces messieurs pénètrent dans l'atelier de ces demoiselles... Oh! mais j'y mettrai bon ordre.

ENSEMBLE.

Air final, 3e acte, *Sirène.*

Ah! j' } étouffe de fureur!
Il

Et la colère
L' } exaspère!
M'

Oser narguer un docteur,
Quelle insulte! c'est une horreur!...

clissoir.

C'est mon objet qu'ici monsieur pourchasse,
Vous croyez donc me faire aussi la loi?

POLKA.

Tenez, mon cher, cédez de bonne grâce
Ou vous aurez bientôt affaire à moi!...

Reprise.

Ah! j' } étouffe de fureur... etc.
Il

SCÈNE VI.

Les mêmes, MADAME PINCÉE.

Madame Pincée (*entrant*). Qu'est-ce que j'entends... quel vacarme! est-ce que le bœuf gras serait entré chez moi?...

Clissoir. C'est bien pis que le bœuf gras... Ah! madame Pincée, vos demoiselles gardent drôlement votre magasin!

Madame Pincée. Que vois-je!... messieurs Polka, Piston, Civet, chez moi?...

Clissoir. Il y avait un civet!... et je ne l'ai pas senti!...

Madame Pincée. Quoi! mesdemoiselles... malgré ma défense?...

Polka. Je donnais une leçon de danse à vos ouvrières... elles n'en mettront que plus de grâces dans leurs façons...

Topette. Nous faisions des petits battements, madame!

Civet. Donnez-moi Angora, j'en fais tout ce qu'il y a de mieux en traiteuse!...

Clissoir (*à part*). Parbleu! il en fera un civet!...

Piston. Donnez-moi Bibine... je lui apprends à jouer du chapeau chinois!

Polka. Donnez-moi Idalie, et j'en fais une Terpsychore, une Taglioni, une sylphide... un vent!...

Clissoir (*bas à madame Pincée*). Ne leur donnez rien du tout... ils veulent vous flouer... ce sont de très-mauvais sujets!... je suis persuadé qu'ils ne paient pas leurs impositions!...

Madame Pincée. Messieurs, ces demoiselles sont promises... cessez donc de les reluquer et de les compromettre par des œillades intempestives... et, à l'avenir, ne remettez pas les pieds dans mon atelier, ou je requiers la force armée, pour vous en faire sortir...

Polka. Ah! c'est comme ça... eh bien! vous en verrez de cruelles... femme de robes...

Civet. Nous enlèverons ces demoiselles...

Piston. J'épouserai Bibine à votre barbe.

Polka. Et ce soir, toutes vos ouvrières feront l'ornement de mon bal par souscription de la rue aux Ours... auquel je vous invite, ainsi que M. Clissoir et ses drogues...

Clissoir. Il nous invite avec des ours!... n'acceptez pas... c'est fort dangereux; Carter a fini par être mangé.

Madame Pincée. Messieurs, sortez de cet atelier, et n'y remettez plus les pieds.

Reprise du chœur précédent.

Ah j' } étouffe de fureur!
Il

Et la colère
M'exaspère.

Mettre ici tout en rumeur
Ah! c'est affreux! c'est une horreur!

(*A la fin du morceau, les trois jeunes gens sont sortis.*)

SCÈNE VII.

Les jeunes filles, CLISSOIR, MADAME PINCÉE.

Madame Pincée (*se jetant dans une bergère*). Ah! quelle scène!... quel scandale! j'en ferai une rougeole... c'est sûr!...

Clissoir. Il est certain que ces messieurs avaient l'air de se croire ici dans un bastringue... Qu'est-ce que j'ai donc fait de ma tabatière...

Topette. Nous allons avoir notre danse, nous autres.

Madame Pincée. Oh! je mettrai bon ordre à tout cela... La journée est finie pour les externes... vous pouvez vous en aller, mesdemoiselles... mais qu'on soit à l'atelier demain matin à huit heures...

Les ouvrières. Oh! on y sera, madame... Bonsoir, madame, bonsoir, mesdemoiselles...

Topette. Bonsoir, les autres... (*A part.*) Ah! sont-elles heureuses de s'en aller!... (*Les ouvrières sortent.*)

Madame Pincée. Idalie, vous allez monter dans votre chambre; avant de vous coucher, vous finirez le spencer que je me destine... vous, mesdemoiselles Bibine et Angora, vous achèverez le caleçon que je veux offrir à M. Clissoir, pour le jour de ses noces...

Clissoir. Un caleçon fait par la main des grâces... ah! je ne le quitterai jamais!... (*A part.*) Ça me servira de flanelle.

Idalie (*bas aux autres*). Mais comment irons-nous au bal?

Bibine (*idem*). Et ces messieurs, qui doivent nous apporter des costumes?...

Angora (*idem*). Topette leur ouvrira...

Madame Pincée. Qu'est-ce que vous chuchottez entre vous, mesdemoiselles?...

Idalie. Rien, madame... je demandais si on avait vu mon dé.

Madame Pincée. Vous, Topette, allez à la cuisine... surveillez mon poulet et apportez-le-moi, aussitôt qu'il sera cuit à point...

Topette. On s'y conformera...

Clissoir (*allant à Idalie et cherchant toujours sa tabatière*). Bonsoir, belle Idalie... bientôt je ne serai plus obligé de vous quitter à l'approche de la nuit... Ah! je l'ai retrouvée... elle était dans ma poche gauche... Bientôt l'hymen nous attèlera au même char-à-bancs. L'hymen... ô Dieu! c'est la poste des plaisirs, c'est le bridon qui retient l'amour... c'est l'onguent qui guérit les cœurs...

Madame Pincée. Que c'est joli! que c'est joli! Ah! Dieu! que c'est joli!...

Idalie. Parlons-en!...

ENSEMBLE.

Air : *C'est un muletier.*

LES JEUNES FILLES.

Remontons, bonsoir.
Il nous faut, ce soir,
Travailler beaucoup.
Ce n'est pas not'goût,
Rien ne sera fait.
Bâtir un ourlet,
Ça n'amuse pas
Pendant les jours gras.

MADAME PINCÉE, CLISSOIR.

Remontez, bonsoir;
Et surtout ce soir
Travaillez beaucoup
Et finissez tout.
Si tout est bien fait
Demain on pourrait,
Par un bon repas,
Fêter les jours gras.

(*Les trois jeunes filles sortent par la gauche, Topette par la droite*).

SCÈNE VIII.

MADAME PINCÉE, CLISSOIR.

Madame Pincée. Ah! enfin nous voilà seuls... Ces jeunes filles me cassent la tête par leur babil!... Tâtez-moi le pouls, docteur... Je dois l'avoir exalté.

Clissoir, *tâtant*. Oui... il y a surexcitation, une petite sieste ferait grand bien.

Madame Pincée. Eh! mon Dieu! j'aurais voulu reposer... mais est-ce possible ici et par le tapage que l'on fait dans la rue... Tâtez-moi la tête... Elle doit être brûlante!...

Clissoir, *tâtant*. La tête n'est pas enflée... Avez-vous de l'appétit?

Madame Pincée. Je meurs de faim... Je pourrai manger les deux ailes de mon poulet, n'est-ce pas, docteur?...

Clissoir. Je ne vois pas d'inconvénient pour les ailes... à la rigueur, même, si les cuisses sont mignonnes, vous en risquerez une...

Madame Pincée. Oh! quel bonheur! Vous êtes mon sauveur, monsieur Clissoir!... Tâtez-moi donc l'estomac!

Clissoir. Votre estomac est bon... j'en réponds... je le connais... Savez-vous bien que, jeune et belle comme vous l'êtes encore, il ne tiendrait qu'à vous de convoler en secondes noces... Vous ne voulez donc pas donner un successeur à feu M. Pincée...

Madame Pincée. Oh! Dieu m'en garde! docteur... J'ai été si malheureuse avec mon époux...

Clissoir, *à part*. Il la rossait probablement... (*Haut.*) C'était un homme brutal.

Madame Pincée. Non... il était fort doux... mais le monstre...

Clissoir, *à part*. Il lui faisait des traits, sans doute. (*Haut.*) C'était un coureur...

MADAME PINCÉE. Non, il ne pouvait pas courir, il boitait, d'ailleurs il quittait peu la maison... mais le traître...

CLISSOIR. Oh! j'y suis, c'était un joueur...

MADAME PINCÉE. Il ne jouait qu'avec le chat... Ah! l'indigne.

CLISSOIR. Alors c'était un ivrogne.

MADAME PINCÉE. Il ne buvait que de l'eau... Oh! que je fus à plaindre...

CLISSOIR, *à part*. Ha ça, mais, que diable pouvait-il donc lui faire endurer... Je n'y suis pas du tout...

MADAME PINCÉE. Savez-vous ce qu'il faisait, docteur... Il enfermait l'argent, et il ne me donnait que cinquante-cinq sous par mois pour ma toilette..

CLISSOIR. Oh! ce n'est pas assez... J'ai de l'économie, mais cinquante-cinq sous par mois... c'est étriqué...

MADAME PINCÉE. Maintenant, je suis ma maîtresse... et, franchement, j'aime mieux ça... Ne nous occupons plus que de vous... de votre union avec Idalie.

CLISSOIR. Dites-moi... Est-ce que ce professeur de danse, ce M. Polka, serait capable de se porter, sur moi, à des voies de fait?... C'est qu'il m'a dit : Vous aurez affaire à moi... en me fixant le bout du nez, à m'en faire loucher.

MADAME PINCÉE. Ne vous inquiétez donc pas de ce saltimbanque... Je voudrais bien voir que cet acrobate vous fît quelque chose... Au surplus, je crois qu'il s'adresserait mal... car vous devez être un brave, n'est-ce pas, docteur?... Les hommes de Pontoise doivent être des Romains pour la valeur!

CLISSOIR. Si je suis brave!... Ah! je crois bien!

MADAME PINCÉE.

AIR : *Vaudeville des maris ont tort.*

Avec une arme bien trempée
Vous devez être vigoureux !
Du pistolet ou de l'épée
Vous devez vous servir au mieux. (*bis.*)
Je gage que dans mainte affaire
Vous en avez usé déjà...

CLISSOIR.

Rarement un apothicaire
Se bat avec ces armes-là!

Mais nous en avons d'autres que nous gardons pour les bottes secrètes !...

MADAME PINCÉE. Ah! je suis bien aise que vous soyez brave ; car je déteste les poltrons !... feu M. Pincée ne brillait pas par la valeur... Un jour il a souffert qu'un homme m'appelât braillarde !...

CLISSOIR. Braillarde !... le mot est léger !... Il aurait dû exiger des excuses.

MADAME PINCÉE. Il devait provoquer cet homme et le tuer... Voilà ce qu'il devait faire...

CLISSOIR, *à part*. Peste, quelle luronne !... C'est une Judith !... (*Haut.*) Oh! je suis solide, moi !... C'est-à-dire que, quand je suis en colère, je tuerais mes trois hommes d'une seule brochée... Vlan ! vlan !... Et allez donc !...

MADAME PINCÉE. Ah! bien !... bien !... Je crois voir Rondache !... Rodomont, les quatre fils Aymon... Voilà les hommes dont je fais cas.

CLISSOIR, *à part*. C'est égal !... ce maître de danse m'inquiète beaucoup... Je voudrais bien être chez moi... (*Haut.*) La nuit approche... Je vais préparer quelques pilules...

MADAME PINCÉE. Pour moi !...

CLISSOIR. J'en ferai aussi pour vous... de laxatives... Nous disons donc que demain je dîne avec vous et ces demoiselles ?...

MADAME PINCÉE. Oh! n'y manquez pas... On vous fera des friandises, des soupirs de nonnes... Vous les aimez, je crois ?...

CLISSOIR. J'en suis fou !... Bonsoir, ma chère madame Pincée... mangez du poulet... faites la sieste... Demain, vous serez capable de vous attaquer à un dindon !...

MADAME PINCÉE. Puisque vous venez, nous en aurons un...

CLISSOIR. C'est trop aimable... (*A part.*) L'autre me guette peut-être dans la rue !... Je ne suis pas tranquille du tout... Si je pouvais rencontrer une patrouille... je me mettrais au milieu... (*Haut.*) Bonsoir, madame Pincée, veillez bien sur mon Idalie !...

MADAME PINCÉE. Oh! ne craignez rien! On ne m'attrape pas, moi.

CLISSOIR. Bon... je ne sens plus ma tabatière dans ma poche... Ah! que je suis étourdi... elle est dans ma main...

CHOEUR GÉNÉRAL.

AIR : *Il faut de la coquetterie.*

Jusqu'à demain dorm { ons / ez } tranquille,
Loin de craindre ce freluquet
Songez qu'il serait bien habile
A m'attraper s'il parvenait !...

(*Clissoir sort par le fond*).

SCÈNE IX.

MADAME PINCÉE *seule, puis* TOPETTE.

MADAME PINCÉE. Ce cher droguiste ! il est jaloux, je crois !... Il est capable d'assommer ce polisson de Polka... Ce sera bien fait... (*Elle se jette dans la bergère.*) Il en tient pour ma pupille... Je ne lui ai pas dit qu'Idalie est très-évaporée... car il ne l'aurait plus épousée... Ces filles coquettes, ça ressemble à ces vins pétillants qui égayent un dessert et que personne ne voudrait acheter pour son ordinaire... Ah! qu'on est bien dans ce fauteuil !... Il me semble que je ferais bien un petit somme, jusqu'à ce qu'on me serve mon poulet. Pourquoi pas ? Je n'en mangerai que mieux ensuite...

AIR : *Un bandeau couvre, etc.*

Un seul instant de repos
Rend notre être tout dispos.

Je vais le goûter, j'espère,
Puis ensuite mon repas
Aura pour moi plus d'appas.
Quel souper je vais faire !

(*Elle s'endort. Topette arrive tenant un poulet rôti sur un plat*).

TOPETTE.

Enfin son plat est tout prêt
Voilà le poulet; (*bis.*)
Je crois qu'il est joliment cuit.
Tiens !.. elle fait déjà sa nuit.
N'faisons pas d'bruit !...

Je vas mettre le couvert devant elle... elle n'aura plus qu'à avaler en s'éveillant... C'est gentil, ça... (*Elle met le couvert tout en chantant*)

Ensuite ell'se couchera...
Et, pendant qu'ell'dormira,
Mon Pétrin, qui m'adore,
Me mènera rue aux Ours
Faire danser nos amours :
Jusqu'au lever d'l'aurore !

Là... voilà le poulet... du pain, la bouteille de vieux bordeaux... Elle ne se refuse rien, madame... Ce que c'est que d'être veuve !.. Dois-je la réveiller, pour lui dire que son poulet l'attend ! Je ne sais pas trop... Elle dort si bien ! (*On gratte à la porte*) on trifouille à notre porte... ce doit être Pétrin...

SCÈNE X.

LES MÊMES, POLKA, PISTON, CIVET.

POLKA, *passant la tête*. Amour et queue du chat ! voilà le mot d'ordre.

TOPETTE. Ah ! ce sont les amoureux de ces demoiselles !...

CIVET. Est-ce qu'on ne peut pas s'insinuer dans les locaux ?

TOPETTE. Chut ! prenez garde... Et madame qui est là qui dort ?

PISTON. Si elle dort, elle ne nous verra pas !...

POLKA. Topette, il faut que tu nous caches ici quelque part... pour que nous puissions jacasser avec nos amantes, quand la sévère Pincée sera entre deux draps.

TOPETTE. Oh ! non, messieurs, c'est impossible... Où voulez-vous que je vous cache ?... (*A part.*) Et puis, Pétrin qui doit venir et qui les trouverait ! (*Haut.*) Il faut vous en aller bien vite, au contraire... je ferai votre commission près de vos objets.

POLKA (*bas aux autres*). Attention... J'ai mon idée... (*Haut.*) Alors, nous allons repartir... Tiens, voilà les déguisements pour nos belles... tu les leur remettras...

TOPETTE. Soyez tranquilles... c'est comme si qu'elles les eussent...

POLKA. Si c'est comme si qu'elles les eussent, nous sommes satisfaits... Bonsoir, Topette... Tu viendras à notre bal ?

TOPETTE. Pardi ! puisque je serai en Trumeau...

POLKA. Ah ! oui... Et Pétrin en berger... A cette nuit.

CIVET. Je te retiens pour la valse.

PISTON. Et moi je te retiens du punch, si tu en vois passer.

POLKA. Dis donc, Topette, pour que madame Pincée ne nous voie pas, si elle s'éveillait, tiens-toi devant elle, afin de masquer notre sortie...

TOPETTE. Vous avez raison... c'est plus prudent ! (*Elle va se mettre devant la bergère, en tournant le dos à la porte.*) Allez, filez, j'y suis...

LES TROIS HOMMES. Bonsoir !... (*Ils font semblant de sortir, reviennent, et se cachent sous les tables.*)

TOPETTE. Bonsoir !... à c'te nuit !... (*Elle se retourne.*) Ils sont partis... fermons bien la porte... Là... Madame dort toujours... ma foi, je m'en vas tout de suite monter les déguisements à ces demoiselles... et puis j'essaierai mes bas de soie et mon parapluie. (*Elle sort par la gauche.*)

SCÈNE XI.

MADAME PINCÉE, POLKA, CIVET, PISTON.

POLKA. Elle est partie et nous sommes dans la place.

PISTON. Pourvu que la belle Pincée ne s'éveille pas.

CIVET. Elle ronfle comme un portier.

POLKA. Tiens ! ça sent bon ici !... Je ne sais pas trop ce que c'est, mais on dirait un parfum de volaille ; c'est très-agréable...

CIVET. Parbleu ! messieurs, voilà d'où vient ce fumet. Tenez, regardez sur cette table...

PISTON. Un poulet rôti !..

POLKA. C'est ma foi vrai... un poulet rôti !.. Il a très-bonne mine... C'est pour le souper de cette barbare couturière ?.. Elle ne se gêne pas... Ça me met tout en appétit, ce poulet...

CIVET. L'eau m'en vient à la bouche... avec ça que j'ai beaucoup trotté aujourd'hui...

PISTON. J'en tortillerais bien un membre !

POLKA. Messieurs, nous ne pouvons pas y toucher... parce qu'on pourrait accuser Topette. (*Il approche de la table.*) Cependant, en ne prenant qu'une aile... on ne se verrait guère... Tant pis... je la risque... (*Il prend du poulet.*)

CIVET. Ah ! tu manges une aile, toi !... Je vas prendre l'autre, alors... (*Il prend du poulet.*)

PISTON. Tiens ! vous avez pris les ailes ?!... Je prendrai les cuisses, alors. (*Il prend du poulet.*)

POLKA (*retournant au poulet*). Il est bon ! Il est tendre comme nous !.. Pourvu que nous laissions la carcasse... Madame Pincée croira qu'elle a mangé son poulet.

CIVET. C'est tout simple !.. Ah ! messieurs, il y a du vin ! Madame Pincée ne peut pas avoir mangé sans boire... (*Il se verse et boit.*)

Polka. C'est juste !.. ça lui ferait mal !.. (*Il boit.*) Tiens ! c'est du vieux bordeaux !..

Piston (*finissant la bouteille*). Ma foi, madame Pincée aura tout bu !..

Polka. Elle peut se flatter d'avoir joliment soupé, madame Pincée.

(*La nuit vient.*)

Madame Pincée (*rêvant*). Ah ! oui... du poulet... servez chaud !

Polka. Bigre ! je crois qu'elle s'éveille.... Messieurs, il faut nous cacher... Où, diable, nous mettre ?..

Civet. Sous ces tables, nous pourrions être vus...

Piston. Dans ces cartons...

Polka. Il a raison... dans ces cartons... on n'ira pas les ouvrir cette nuit... Allons, messieurs, vite emballons-nous... (*Ils entrent chacun dans un grand carton haut et rond.*)

Civet. J'y suis !..

Piston. Moi aussi !..

Polka. Fichtre, messieurs, savez-vous qu'il serait difficile de faire une pirouette, là dedans... Mais on s'éveille.... silence... rentrons chez nous... (*Ils se renfoncent et remettent sur eux le couvercle du carton.*)

Madame Pincée (*s'éveillant*). (*Il est nuit.*) Ah ! j'ai bien reposé... Mais la nuit est venue... mon poulet doit être cuit depuis longtemps... et j'ai une faim... Topette ! Topette !.. de la lumière !...

SCÈNE XII.

Les mêmes, TOPETTE.

Topette (*deux flambeaux allumés à la main*). Voilà, madame ! voilà !.. Ah ! il paraît que vous ne dormez plus... c'est que vous ronfliez joliment tout à l'heure...

Madame Pincée. Oui, j'ai un peu sommeillé... Mon poulet, bien vite !

Topette. Votre poulet ? Il est là, devant vous qui vous attend... (*Elle pose les flambeaux sur la cheminée.*)

Madame Pincée (*regardant*). Eh bien ! qu'est-ce que cela signifie ? Il n'y a plus que la carcasse.

Topette. Ah ! c'est, ma foi, vrai !... Vous l'avez donc déjà mangé ?... Il devait être bon, n'est-ce pas, madame ?

Madame Pincée. Comment ? qu'est-ce que vous dites ?... mais je n'ai rien mangé du tout !

Topette. Oh ! madame veut rire... car j'ai mis le poulet devant elle, et il était bien entier... Et il sentait si bon ! faut bien que madame l'ait mangé, car personne n'est entré ici... et nous n'avons pas de chat dans la maison... Oh ! je vois ce que c'est... madame se sera rendormie, depuis... et elle ne s'en souvient plus...

Madame Pincée. J'aurais mangé le poulet, et je l'aurais oublié ? Mais ce n'est pas possible... j'ai toujours aussi faim.

Topette. Ça fait quelquefois cet effet-là... C'est de la fringale qu'on appelle ça. Si madame veut, je lui ferai du thé !

Madame Pincée. Du thé ! du thé !... mais, je ne puis pas comprendre que j'aie mangé ce poulet... j'ai l'estomac qui me tiraille.

Topette. C'est la digestion... Ah ! tenez, la preuve, c'est que vous avez aussi fini votre bouteille de bordeaux qui était presque pleine...

Madame Pincée. J'ai fini ma bouteille !.... Je n'en reviens pas !...

Topette. Ah ! quand on dort par là-dessus, ni vu ni connu... On ne s'en souvient pas...

Madame Pincée. Et avoir toujours faim... Il faudra que je consulte M. Clissoir, là-dessus. Allons, je vais aller me coucher, alors... Topette, donnez-moi tout ce qu'il me faut pour ma toilette de nuit : ma camisole, mon bonnet...

Topette. Oui, madame...

Polka (*passant sa tête hors du carton*). Voilà un souper qui ne lui fera pas de mal !

Civet (*de même*). Elle fera des songes creux.

Madame Pincée (*se retournant*). Hein ? qu'est-ce que vous dites, Topette ?...

Topette. Moi, madame ? Je n'ai pas parlé...

Madame Pincée. C'est singulier... J'avais cru entendre...

Piston. Aïe ! on n'est pas à son aise, ici !....

Madame Pincée. Encore !.. Avez-vous entendu, Topette ?..

Topette. Non, madame !.. Les oreilles vous cornent apparemment.

Madame Pincée. Approchez cette table et cette glace.

Polka. Elle se prend aux cheveux... elle va se tirbouchonner.

Topette. Ah ! mon dieu !..

Madame Pincée. Vous avez entendu aussi du bruit ?..

Topette. Dam ! Il m'a semblé... Oh ! c'est quèque souris.

Madame Pincée. S'il y avait des voleurs cachés ici !...

Topette. Par où donc qu'ils seraient entrés ?

Madame Pincée. (*Elle se coiffe.*) Je n'y vois pas... Posez les lumières sur ces cartons. (*Topette pose les flambeaux sur les cartons de Polka et de Civet.*) C'est singulier, ce soir cette pièce me paraît d'un sombre... Allumez encore une bougie, Topette.

Topette. Oui, madame !

Polka. Sapristi ! j'ai justement prisé aujourd'hui ! (*Il éternue.*)

Topette (*allumant le flambeau qu'elle pose sur le carton où est Piston*). A vos souhaits, madame !

Madame Pincée. Comment ? mais c'est vous qui avez éternué.

Topette. Non, madame... c'est vous !...

Madame Pincée. Topette, ne m'impatientez pas, je vous en prie. (*Les cartons remuent et se reculent.*) Eh bien ! je n'y vois plus si bien... Pourquoi donc éloignez-vous les flambeaux ?

Topette (*se retournant et voyant marcher les cartons*). Ah ! ah ! madame !... Les cartons qui marchent tout seuls... Les lumières qui dansent !...

Madame Pincée. Ah ! mon Dieu ! nous sommes perdues ! Au secours ! A la garde ! Topette, allez chercher le portier, les voisins !

Topette. Ah ! madame ! je n'ai plus de jambes... Je vais me trouver mal...

Madame Pincée (*courant ouvrir au fond*). Au voleur ! Au secours ! A la garde ! (*Madame Pincée tombe sur un siége, Topette sur un autre... Les cartons s'en vont par le fond en dansant et en emportant les lumières*)

FIN DU PREMIER ACTE.

ACTE DEUXIÈME.

(Une rue. Au fond, la maison de Mme Pincée, avec un grand balcon au premier.)

SCÈNE I.

CLISSOIR, puis POLKA, masques, gamins. (*Il fait nuit. Une seule lanterne éclaire la rue. Au lever du rideau, on entend crier : A la chienlit ! Des masques traversent la rue. Bientôt Clissoir arrive en courant.*)

Clissoir. Ouf, je n'en puis plus !... Je ne sais pas ce que les polissons et les gamins ont après moi, ce soir, ils me poursuivent comme si j'étais un sauvage ou un polichinelle ; ça finit par être très-ennuyeux ! Madame Pincée m'a envoyé un commissionnaire, en me priant de venir cette nuit dans sa maison pour cause urgente... Elle prétend qu'il se passe chez elle des choses surnaturelles, que ses cartons dansent, que ses bougies sautent... Il n'est pas possible..., c'est quelque poulet qui lui aura porté à la tête... S'il faut que je passe la nuit à la soigner, ça ne sera pas amusant ; avec ça que j'ai oublié ma tabatière... Mais enfin, pour devenir l'époux de cette espiègle Idalie, il faut bien faire quelques sacrifices... Si madame Pincée avait voulu se marier, je l'aurais bien épousée aussi..., c'est-à-dire à la place d'Idalie. Elle me chaussait cette femme-là..., elle me bottait parfaitement ; mais elle ne veut plus retâter de l'hymen... Ensuite, elle exige qu'on me appelle braillarde. J'aurais été dans des transes continuelles avec cette femme-là !

Air : *Abonné des Petites Affiches*

Une épouse si susceptible
Eût rendu mon sort très-chanceux ;
Avec une femme sensible
Un époux est bien plus heureux ;
Car pour peu qu'elle soit jolie,
Des insolents ayant pitié,
Ce n'est jamais elle qui crie
Quand on lui marche sur le pied.

Oui, il vaut mieux que j'épouse la petite... (*Cris au dehors.*) Allons, encore des tapageurs...
Pourvu qu'on m'ouvre tout de suite... Ah ! mon Dieu ! ils accourent !...

Polka, *arrivant à la tête des gamins. Il a un faux nez*). Mes amis, la voilà.., je la reconnais, c'est une femme habillée en homme !

Les Gamins, *entourant Clissoir*. A la chienlit !...

Clissoir. Comment, je suis une femme en homme ?... Ah ! en voilà une bonne !...

Polka. Parbleu ! je la connais parfaitement..., c'est une belle écaillère de la place Saint-Michel. Ah ! Adélaïde, c'est bien mal de faire courir après toi petit Bribri !

Clissoir. Mon Bribri !... je suis une écaillère !..., mais vous êtes donc des huîtres, pour croire cela ?

Polka. Oh ! tu as beau faire ta petite voix de basse..., connu, chère amie !... Oh ! tu as perdu ton pari... et tu vas nous payer du punch au Palais-Royal...

Clissoir. Je vais payer du punch !... Le plus souvent ! je ne vous paierais pas même du coco...

Polka. Messieurs, c'est un pari que ma maîtresse a perdu... Si elle ne veut pas venir, enlevez-la..., je réponds de tout...

Clissoir. Vous êtes des canailles !... Je ne me compromettrai pas avec vous ! Le premier qui m'approche ! je le purge..., je le ventouse..., je le bistourise...

Tous. A la chienlit !...

ENSEMBLE.

Air : *Final bal de grisettes.*

Enlevons-la, c'est une femme !
Ah ! nous allons rire beaucoup !
Sans plus d'façon venez, madame ;
Votre amoureux répond de tout !

(*Ils emportent Clissoir, qui se débat et crie.*)

Polka. Ah ! mon gaillard, tu n'es pas au bout de tes peines... Je t'apprendrai à vouloir aller sur mes brisées... (*Il approche de la maison et crie* :) Ohé ? houp ! ahé !...

IDALIE, *paraissant à une fenêtre à côté du balcon.* Nous sommes prêtes!..., nous avons nos costumes !...

POLKA. Très-bien ! dans une heure, nous venons vous chercher.... Ah! mais, diable, j'y pense, avez-vous la clef de la porte de la rue?...

IDALIE. C'est Topette qui l'a toujours...; elle nous ouvrira et s'en ira avec nous...

POLKA. Très-bien ! au revoir..... Ça roule comme en chemin de fer?... Je vais retrouver Civet et Piston, et je ne perds pas de vue l'apothicaire... (*Il sort.*)

IDALIE. On ouvre la fenêtre du balcon..., rentrons vite!... (*Elle ferme la fenêtre.*)

SCÈNE II.

TOPETTE, MADAME PINCÉE.

TOPETTE, *paraissant sur le balcon.* Quel vacarme ils font ce soir dans la rue! Et Pétrin qui n'est pas venu, qui ne m'a pas apporté de brioches? et je ne sais pas à quelle heure il viendra me prendre...

MADAME PINCÉE, *sur le balcon.* Qu'est-ce que vous faites donc là, Topette ?

TOPETTE. Je fermais les prussiennes, madame.

MADAME PINCÉE. Oh! oui! fermez, fermez bien..., car depuis que j'ai vu ces cartons, qui se sont sauvés de chez moi en dansant le galop, je suis encore toute tremblante ! Je gage que je ne dormirai pas de la nuit. J'avais envoyé un exprès à M. Clissoir, pour le prier de venir nous garder..., mais il me paraît qu'on ne l'aura pas trouvé et il ne viendra pas.. Topette, vous passerez la nuit près de mon lit..., vous vous asseoirez sur mon somno, et vous me lirez la *Caverne de la mort.*

TOPETTE, *à part.* Ah ben ! ça sera amusant ! (*On entend miauler.*) Ah ! je crois que j'entends Pétrin.. Il imite le chat, qu'on jugerait un matou !

MADAME PINCÉE. Eh bien ! Topette, est-ce que vous n'avez pas fini de fermer?...

TOPETTE. Voilà, madame!... c'est qu'il me semblait entendre miauler.

MADAME PINCÉE. En effet, nous sommes infestées de chats depuis quelque temps... Ces vilaines bêtes se permettent de venir faire l'amour sous mes fenêtres.. Je ne conçois pas que l'on tolère les mœurs de ces animaux... Mais que je les entende encore, et je leur réserve quelque chose !...

TOPETTE. Ah! mon Dieu! qu'est-ce qu'elle leur réserve donc ?...

MADAME PINCÉE. Ces demoiselles doivent dormir depuis longtemps?... Avez-vous fermé la porte de la rue à double tour ?

TOPETTE. Oui..., madame, à triple tour!...

MADAME PINCÉE. Donnez-m'en la clef!

TOPETTE. Comment, madame veut la clef d'en bas?.. mais si on frappe?..

MADAME PINCÉE. M. Clissoir ne viendra plus maintenant.... allons, donnez,.. je serai sûre au moins qu'on n'ira pas courir au bal...

TOPETTE. La v'là, madame... (*A part.*) Oh ! quel guignon !... nous voilà calfeutrées !..

MADAME PINCÉE. Fermons vite, à présent !...

(*Elles rentrent et ferment la fenêtre.*)

SCÈNE III.

PÉTRIN, *seul.*

(*Il est en berger grec, en tunique, et tient une grosse brioche à la main.*)

Dieu merci, me v'là libre ! j'ai cru que je ne sortirais pas du four, aujourd'hui !.. j'ai mon costume de berger... mamzelle Topette a sans doute mis son déguisement... je lui apporte une brioche dont elle sera contente. Enfin ! j'ai donc trouvé une femme qui correspond à ma flamme, c'est pas sans peine... quand je me présentais pour amoureux, elles se moquaient toutes de moi.

AIR : *Vive le Roi!*

Quand je fais l'galant on m'dit
   T'es trop p'tit !   (bis).
Pâtissier, t'es trop p'tit,
Tu n' me vas qu'au coude ;
C'est bien ennuyeux pourtant,
Parc'qu'on n'est pas géant,   (bis)
Qu' la beauté nous boude.
On peut bien fair' l'amour
Sans être haut comme un' tour ;
   Les amants les plus p'tits.
   Sont les plus gentils.

J'courtisais la grand' Gogo,
Qui me faisait des grimaces,
Pour plaire à la bell' Margot
Fallait que j'eusse des échasses.
Quand je veux prendre un baiser
On évite mes atteintes ;
Il me faudrait me hausser
Et me tenir sur mes pointes...

Mais c'est fatigant ! on ne peut pas toujours se tenir sur ses pointes, ni avoir de gros bouchons de liège sous ses talons, pour se déguiser en tambour-major, ah ! ma foi, tant pis...

Quand je fais, etc.

Heureusement j'ai rencontré mamzelle Topette... qui veut être plus grande que son amoureux... quelle chance ! Mais je ne vois pas de lumière à la fenêtre, faisons-lui savoir que je suis là.... (*Il imite le chat.*) Miaou!... miaou!..

MADAME PINCÉE (*entr'ouvrant sa fenêtre*). Ah ! maudites bêtes !.. ils sont encore ici, sous ma fenêtre ! attendez, je vais vous rafraîchir, moi !

PÉTRIN. C'est drôle !... elle ne paraît pas !... si je pouvais lancer cette brioche dans ses carreaux ! (*Il tient sa brioche en l'air, et crie de nouveau :*) miaou... miaou !

MADAME PINCÉE (*vidant un vase sur Pétrin*). Tenez, vilains matous. (*Elle referme sa fenêtre.*)

SCÈNE IV.

PÉTRIN, *puis* CLISSOIR.

PÉTRIN. Ah ! quelle mauvaise plaisanterie !.. heureusement, c'est la brioche qui a tout reçu !.. Ah ! mamzelle Topette, arroser votre amoureux avec de ces choses-là !..

CLISSOIR (*arrivant par la gauche*). Enfin, je me suis débarrassé de tous ces polissons qui m'enlevaient... grâce à une patrouille de la garde nationale que j'ai appelée à mon secours... On m'a lâché... hâtons-nous d'entrer chez madame Pincée... (*Il se jette sur Pétrin.*)

PÉTRIN *à part*. Ah ! mon Dieu ! je crois que c'est le commissaire !

CLISSOIR *à part*. Voilà un gaillard qui a l'air d'avoir peur... effrayons-le... (*Haut.*) Qu'est-ce que tu fais là, petit voyou ?

PÉTRIN. Rien, monsieur... c'est une brioche que je portais chez madame Pincée... je suis son pâtissier...

CLISSOIR. Ah ! tu es pâtissier !... ils ont un drôle de costume, à Paris, les pâtissiers ! je t'aurais plutôt pris pour un mitron dans l'exercice de ses fonctions...

PÉTRIN. Je crois qu'on est couché et j'allais m'en aller...

CLISSOIR. Donne-moi ta brioche... je vais passer la nuit près de madame Pincée et de ses demoiselles... je me charge de la remettre...

PÉTRIN. Oh ! volontiers, monsieur...... la voilà... (*A part.*) J'aime mieux qu'il la mange que moi !... (*Il s'éloigne.*)

CLISSOIR *seul*. Et puis, si je passe la nuit, je ne serai pas fâché de prendre quelque chose... tous ces événements m'ont fatigué... j'ai besoin de me refaire. Superbe brioche !.. ces jeunes couturières sont très-gourmandes... elles sont capables de tout manger sans m'en offrir... j'ai envie de risquer la tête... (*Il mange la tête de la brioche.*) Elle a un drôle de goût... je ne crois pas que ce soit de la fleur d'oranger... à quoi diable est-elle... ce n'est pas non plus au citron... ah ! j'y suis... non ce ne peut pas être ça !...

SCÈNE V.

CLISSOIR, POLKA, CIVET, PISTON.

(*Ils arrivent par le fond, chacun enveloppé dans un grand manteau.*)

LES TROIS JEUNES GENS.

ENSEMBLE.

AIR : *Garde à vous !*

Il est là !... (*bis*)
Avançons en silence !
Chez nos belles d'avance
Monsieur se croit déjà :
Il est là ! (*bis*)
C'est l'amour que veut faire
Monsieur l'apothicaire ;
Mais on l'en guérira...
Il est là !... (*bis*)

CLISSOIR. Décidément ! c'est aux truffes... Comme on raffine la pâtisserie à Paris !... Je crois qu'on appelle ça du petit four... Maintenant, allons savoir pourquoi madame Pincée m'a envoyé chercher...

POLKA, *se plaçant devant lui et d'une voix de basse*. On ne passe pas !

CLISSOIR. Tiens !...

CIVET, *d'une voix de fausset*. On ne passe pas !...

CLISSOIR. Oh ! oh !

PISTON, *d'une voix étouffée*. On ne passe pas !...

CLISSOIR. Ah ! mon Dieu ! qu'est-ce que c'est que ça ? Comment, il y a donc des sentinelles devant la porte de la couturière ?... J'ai envie de leur demander leurs papiers !...

POLKA, *l'arrêtant*. On ne s'en va pas...

CIVET. On ne s'en va pas...

PISTON. On ne s'en va pas.

CLISSOIR, *tremblant*. Comment, messieurs, on ne passe pas... et on ne s'en va pas... Voulez-vous avoir alors la bonté de me dire ce qu'on fait ? car, enfin, de deux choses quatre... je ne demeure pas sur le trottoir... que fait-on ?...

POLKA. On se bat !

CIVET. On se tue !

PISTON. On s'égorge !

CLISSOIR. Ah ! mon Dieu ! je suis donc tombé dans une bande de chourineurs... Messieurs, je n'ai pas ma montre sur moi !... J'ai également oublié ma tabatière... qui est en platine... j'en suis désolé pour vous ; quant à ma bourse, si vous y tenez absolument... mais il n'y a que de la monnaie...

POLKA. Gardez vos liards, apothicaire... ce n'est pas votre pécune... c'est votre sang que je veux...

CLISSOIR. Mon sang !... Eh ! mon Dieu ! pourquoi donc faire ?... (*A part.*) Est-ce qu'il fabriquerait du boudin, ce monsieur ?...

POLKA. Pourquoi ? pour assouvir ma vengeance sur un homme qui veut m'enlever mon objet... (*Il ouvre son manteau.*) Me reconnaissez-vous, monsieur ?...

CLISSOIR. Eh ! mais, je crois que c'est le professeur de danse.

POLKA. Oui, c'est moi, Polka, et mes honorables amis... Piston et Civet.

CLISSOIR, *saluant*. Messieurs... bien charmé... je vous souhaite une bonne nuit !...

CIVET, *le retenant*. Restez donc !...

PISTON. Vous êtes bien pressé ?...

CLISSOIR. J'ai l'habitude de me coucher de bonne heure. Je suis réglé comme un papier de musique...

Polka. Monsieur... c'est l'un de nous deux qui doit coucher l'autre... cette nuit!

Clissoir. Ah bah !... l'un de nous doit coucher l'autre... Vous ne vous couchez pas encore tout seul ?..

Polka. Mais ici....sur le carreau... ou le pavé si vous aimez mieux...

Clissoir. Non. Je vous assure que j'aime mieux mon lit... c'est plus chaud...

Polka. Monsieur Clissoir, vous n'avez pas espéré, sans doute, m'enlever ma belle, sans coup férir?... (*Sortant deux épées de dessous son manteau.*) Allons, finissons-en, s'il vous plaît ?...

Clissoir. Qu'est-ce que c'est que ça... des lardoires ?

Civet. Ce sont de bonnes lames de Tolède !

Piston. Ça vous entre dans le corps, sans vous écorcher. Ça ne se sent pas...

Clissoir. Merci! je ne me bats pas en duel. D'ailleurs, c'est défendu.

Polka. Si vous ne vous battez pas, je vous embroche comme un canard... Allons, prenez, morbleu, et défendez-vous...

Clissoir, *prenant l'épée*. Mais, messieurs, il est nuit... je n'ai pas l'habitude de tirer l'épée tard... D'ailleurs, je n'ai pas de second... un duel sans second... c'est un pâté sans croûte !...

Polka. Civet sera le vôtre !

Clissoir. Monsieur Civet, est-ce que vous ne pourriez pas arranger cette affaire-là à l'amiable ?... Mon cher monsieur Civet,.. il n'y a pas de quoi fouetter un chat là-dedans !...

Civet. Quand l'un de vous aura claqué, nous verrons.

Clissoir. Claqué... qu'est-ce que c'est que ça... je ne veux pas claquer, moi,...

Piston. Allons, messieurs, commencez... nous ferons le guet...

Clissoir. Quelle nuit !... quel dimanche gras ! Et dire qu'il ne passera pas de chienlits pour me tirer de là !

Polka. Y êtes-vous, sacrebleu ?...

(*Clissoir se met en garde en tremblant.*)

AIR : *Jocrisse aux enfers.*

Allons, en garde, défendez-vous,
Car je veux vous porter d' bons coups.

Clissoir.

Moi qui n' me suis jamais battu,
Ah ! je l' vois bien ! je suis perdu !

Polka, *avançant sur Clissoir.*

Allons, sacrebleu !
Piquons un peu !
Fichtre, vous tremblez,
Vous reculez,
Vous détalez.

Clissoir.

Quel acharnement !
Quel garnement !
L'aspect de ce fer
Me trouble... je ne vois plus clair...

Polka.

Vous rompez en vain.

J'irai mon train.
Je sens que sa vie est dans ma main...
Une... deux... vous reculez encor ?
(*Il feint d'être frappé.*)
Ah ! quel triste sort!
Je suis mort!

Clissoir, *et les autres.*

Mort !

(*Polka tombe à terre. Civet et Piston s'approchent de lui, et font semblant de le tâter.*)

Clissoir. Qu'est-ce qu'il dit ? comment ? je l'aurais tué... il serait possible !...

Civet. Il n'est que trop vrai... l'infortuné a pris la rampe... Il n'a plus de pouls.

Clissoir. Il n'aurait plus de pouls ?...

Piston, *ramassant l'épée de Polka*. Monsieur, j'étais son témoin ; il est de mon devoir de le venger... En garde, s'il vous plaît !...

Clissoir. Comment ? vous voulez aussi vous battre avec moi !...

Piston. Vous avez tué mon ami... en garde !

Clissoir. Mais je vous assure que je l'ai pas fait exprès. Il se sera enferré de lui-même...

Piston. En garde, ou je vous pique...

Clissoir, *se mettant en garde et reculant*. Monsieur Civet ! arrangez donc l'affaire... vous restez là tranquille comme Baptiste.

Piston, *lui portant des bottes de manière à ne pas le toucher*. A vous !... à vous !... aïe !... je suis mort ! (*Il tombe.*)

Clissoir. Mort ! comment ! j'ai encore tué celui-là !... sapristi ! il paraît que je suis une fameuse lame !...

Civet, *tâtant Piston.* C'en est fait, Piston n'a plus de vent ! (*Il ramasse l'épée.*)

Clissoir. Eh bien, parole d'honneur, ça me fait de la peine... mais ce sont eux qui l'ont voulu... Bonsoir, monsieur Civet ! je me sauve bien vite !...

Civet, *se posant devant lui*. En garde, monsieur...

Clissoir. Qu'est-ce que vous faites donc ? Est-ce qu'il veut se battre aussi, celui-là ?... mais vous étiez mon témoin !

Civet. J'étais l'ami des deux malheureux qui gisent là... sur le pavé... Je ne peux pas faire autrement que de les venger... En garde !...

Clissoir. Ah ! permettez... Je ne peux pourtant pas me battre toute la nuit !... ça devient très-fatigant.

Civet. En garde !

Clissoir. Vous avez tort !... J'ai de la chance ce soir...

Civet. En garde ! ou je vous cloue sur le pavé...

Clissoir. Ah ! saprédié... c'est ennuyeux à la fin ! Il faut donc que je tue tout le monde ? (*Il se met en garde*).

AIR : *du Pré aux Clercs.*

Allons, que son sort s'accomplisse !
Mais je serai bien compromis...

ACTE III, SCÈNE I.

CIVET.
Que ma vengeance s'accomplisse :
A vous... ô ciel !... je suis occis.

(*Il tombe, la musique continue.*)

CLISSOIR. Occis !... Et de trois !... Mais je dépeuplerais le monde, cette nuit... Trois hommes de tués !... Ah ! si on savait que c'est moi... Je serais perdu. (*Il court frapper à la porte de la couturière.*) Madame Pincée, ouvrez... ouvrez bien vite ! je vous en prie... c'est moi, Clissoir... qui ne sais plus où me fourrer...

MADAME PINCÉE *paraissant sur son balcon en bonnet de nuit.* Qu'est-ce que j'entends... On dirait qu'on gémit sous ma fenêtre... Est-ce encore des chats ?...

CLISSOIR. Non, madame Pincée, ce ne sont pas des chats... C'est moi, Clissoir... Ouvrez-moi tout de suite... Je suis dans une horrible position... J'ai fait cette nuit des choses monstrueuses...

MADAME PINCÉE. Ah ! mon Dieu ! vous m'effrayez, vous avez la voix déchirante. Tenez, voici la clef de la rue, je vais vous la jeter... vous refermerez avec soin...

CLISSOIR. Soyez tranquille... Jetez-moi la clef... (*Les trois jeunes gens relèvent la tête, puis la baissent vivement.*)

MADAME PINCÉE, *jetant la clef.* Tenez... l'avez-vous ?...

CLISSOIR, *la ramassant.* Je crois bien !... Elle m'est tombée juste sur le nez... Entrons vite ! (*Il ouvre et va pour entrer. Les trois couturières, habillées en débardeurs, sortent en le repoussant et le bousculant.*) Ah ! mon Dieu ! madame Pincée, votre maison était pleine de voleurs !...

MADAME PINCÉE. Serait-il possible ?

CLISSOIR. En voilà trois qui se sauvent ! (*Il va pour entrer, Topette sort et lui donne un soufflet.*) Ah ! ils sont un régiment !

MADAME PINCÉE. Allez chercher le commissaire ! Le poste des pompiers.

CLISSOIR. Non, non. N'appelez pas la justice... Taisez-vous ou vous me perdez... Il y va de ma tête. (*Il entre dans la maison. Les jeunes filles s'approchent des jeunes gens et poussent des cris d'effroi en les voyant à terre. Ceux-ci les rassurent. Elles vont s'assurer s'il n'y a personne, et reviennent auprès d'eux.*)

IDALIE. Maintenant, que les morts ressuscitent ! (*Les jeunes gens se relèvent.*)

IDALIE.

AIR : *Père Lamourette.*
Les morts sont tous bien portants;
Il faut profiter des instants :
Rendons-nous bien vite au bal,
L'orchestre attend notre signal.

TOUS.

Que la danse
Alors commence;
A ce bruit
Le plaisir luit.
On s'élance,
Ou se balance;
Et ça dur' toute la nuit !
Ça durera toute la nuit.

(*Ils s'éloignent en dansant un galop.*)

FIN DU DEUXIÈME ACTE.

ACTE TROISIÈME.

(Une salle de bal. Orchestre au fond.)

SCÈNE I.

MASQUES, TOPETTE, PÉTRIN, *puis* POLKA, PISTON, CIVET, IDALIE, BIBINE, ANGORA.

AIR : *Premiers beaux jours.*
Vive le carnaval
Qui nous met en goguette !
Vive ! vive le bal !
Quelle joyeuse fête !
A danser,
A valser,   (*bis*)
Déjà chacun s'apprête;
Et toujours (*bis*) pour recommencer.

PÉTRIN, *arrivant en donnant le bras à Topette.* Comment, mamzelle Topette, ce n'est pas vous qui m'aviez arrosé, par la fenêtre, hier au soir...

TOPETTE. Moi, monsieur Pétrin... Pour qui me prenez-vous ?... C'est un trait de madame Pincée... Dites donc... suis-je bien en bergère Trumeau ?...

PÉTRIN. Oh ! vous êtes à mettre au four... Vous êtes même trop agaçante, parce que tous les hommes vous reluquent et ça me vexe...

TOPETTE. Eh bien, petit Pétrin, est-ce que vous seriez jaloux, par hasard?... Si vous l'étiez et que je le susse, je te tirerais les oreilles... et je vous ferais des queues...

PÉTRIN. Alors, mamzelle, je ne le serai plus !

TOPETTE. A la bonne heure... parce que, voyez-vous... Écoute bien... J'aime ma liberté, au bal surtout... Oh ! dans un bal masqué... je ne connais ni frein, ni gourmette... Je suis un cheval échappé... un vrai mors aux dents.

AIR *nouveau.*
Dans un bal, moi j'dis qu'il faut rire ;
Par Momus on est convoqué.

J'voudrais, dans mon joyeux délire,
Tout' l'année être au bal masqué.
   Il faut s'amuser
    Et vli et vlan !
   Puis il faut danser :
    Pan ! pan ! pan ! pan !
   Pour faire tout ça
    Je suis là ;
   On s'en donnera,
    Et voilà !

Pour intriguer je suis sans pareille :
Je tourmente un jeune docteur,
Je tire pierrot par l'oreille,
Je fais de l'œil au débardeur.
J'annonc' tout bas aux jeunes filles
Des amoureux, des soupirants ;
Puis aux femmes un peu gentilles
Je dis : Vous avez douze amants.
Ce gros Anglais qui se désole
Quand sa dam' le quitte pour un Grec,
Par mon sourire je le console
Si bien qu'il me paie un beftèck.
J'accepte du punch et des glaces,
Ce qui n'm'empêche pas d'galoper ;
Jamais je ne fais de grimaces
Quand on me propose à souper.

   Dans un bal, etc.

Pétrin. Ah ! v'là ces demoiselles et leurs amoureux... qui viennent par ici. (*Les trois jeunes gens arrivent tenant chacun leur belle sous le bras. Les jeunes gens sont en femmes, les femmes en débardeurs*).

ENSEMBLE.

Air : *Polka de M. Béancourt.*

   Quel bonheur de polker
   Et de mazurker
Sans que ça puisse en rien offusquer !
   Ici nuls parents,
   Oncles ni mamans,
Ne troublent d'aussi doux instants !

Polka. Bravo ! mes élèves me font honneur. Leurs jambes incomparables méritent que nous nous mettions à leurs pieds...

Topette. Tiens ! ce sont ces messieurs qui sont les femmes, et ces demoiselles qui sont les hommes, on ne reconnaît plus les *sesques*...

Polka. Eh bien ! comment trouvez-vous mon bal ?

Idalie. Charmant !... mais si madame Pincée s'est aperçue que nous avons quitté la maison ?..

Angora. On ne voudra plus nous laisser rentrer...

Polka. Bah ! on vous a pris pour des voleurs... Ce pauvre Clissoir n'avait plus la tête à lui... il croit nous avoir tués tous les trois...

Civet. A quelle heure soupera-t-on ?

Polka. Ah ! le voilà déjà qui pense à manger celui là...

Piston. Il me semble pourtant que le poulet de madame Pincée n'était pas mauvais...

Topette. C'est vous qui l'avez mangé !... ah ! ah ! et moi qui lui ai persuadé qu'elle avait soupé.

Idalie (*regardant à gauche*). Ah ! nous sommes perdues... voilà madame Pincée et M. Clissoir qui entrent au bal... je les reconnais bien, quoiqu'elle ait son domino jonquille et un loup... et l'apothicaire un nez...

Polka. Tant mieux ! nous allons achever d'enfoncer notre rival... Venez, messieurs... et vous, débardeurs, ne nous quittez pas !...

Topette. Voilà madame Pincée,... valsons...

(*Ils s'éloignent par la droite, la musique joue une valse. Madame Pincée arrive donnant le bras à Clissoir, qui a un énorme faux nez... La couturière a un domino et un loup.*)

SCÈNE II.

MADAME PINCÉE, CLISSOIR, MASQUES.
(*Clissoir a un faux nez très-rouge et la figure très-pâle.*)

Madame Pincée (*se dandinant en mesure*). Ah ! que c'est joli !... ah ! quelle musique ravissante ! ça m'enlève malgré moi ! j'ai des démangeaisons dans le mollet.

Clissoir. Ça ne m'enlève pas du tout, moi... Mon Dieu, madame Pincée, quelle idée avez-vous donc eue de venir à ce bal de la rue aux Ours !... vous si sévère sur l'article des faux pas..

Madame Pincée. Parce que je me suis aperçue que ces demoiselles avaient filé... que Topette même n'était plus à la maison... Où pouvaient-elles être, si ce n'est à ce bal de M. Polka qui leur tournait la tête?

Clissoir. Chut ! je vous prie... ne prononcez pas le nom de M. Polka... ça me fait mal aux nerfs. (*A part.*) Si elle savait que je l'ai tué !... que j'ai homicidé trois hommes devant son trottoir, je lui ferais horreur !...

Madame Pincée. Vous n'aimez pas le maître de danse, je le conçois, mais enfin, s'il a enlevé votre future Idalie... si Bibine et Angora ont suivi ici MM. Piston et Civet...

Clisson. Silence !... Ah ! par pitié ! ne me parlez jamais ni piston ni civet, ça m'agace... Oh ! le civet surtout... je l'ai en horreur !...

Madame Pincée. Mon Dieu ! qu'est-ce que vous avez donc ce soir ? tout vous fait mal... est-ce que vous êtes malade ? vous êtes bien pâle !...

Clissoir. J'ai mal aux dents... je couve une fluxion... Ce nez me rend-il bien méconnaissable ?...

Madame Pincée. C'est-à-dire qu'on vous prendrait plutôt pour la licorne de la ménagerie...

Clissoir. Tant mieux !... oh ! tant mieux ! que personne ne puisse me reconnaître... les gardes municipaux surtout !...

Madame Pincée. Ah ça ! mais, on dirait que vous tremblez... Un homme trembler à mon bras !... vous avez donc froid...

Clissoir. Ce sont de petits frissons... je serais bien mieux dans mon lit qu'ici... allons-nous-en !...

MADAME PINCÉE. Non pas... je vous dis que ces demoiselles sont ici... et probablement avec ces trois polissons... de ce matin.

CLISSOIR. Non, non, je vous réponds du contraire... Quant à cela, je vous garantis que ces demoiselles n'ont pas pu suivre ces... trois individus en question.

MADAME PINCÉE. Qui vous fait croire cela ?

CLISSOIR. Des raisons... majeures. Ces trois jeunes gens n'ont pas envie d'aller au bal... ils n'y pensent pas plus qu'à se faire enterr... C'est-à-dire, si... Ils penseraient plutôt à se faire... Ah ! mon nez m'entre dans les yeux...

MADAME PINCÉE. Mais puisque c'est monsieur Polka qui donne ce bal...

CLISSOIR. C'est-à-dire, qu'on le donne pour lui. (*A part.*) Je suis bourrelé de remords... J'ai ces trois hommes sur la poitrine... c'est très lourd...

MADAME PINCÉE. Voici tous les masques qui viennent par ici... Attention...

CLISSOIR (*à part*). Je crois toujours avoir des épées devant les yeux...

SCÈNE III.

LES MÊMES, IDALIE, ANGORA, BIBINE, POLKA, CIVET, PISTON. (*Les jeunes gens sont masqués. Ils arrivent en valsant avec les demoiselles, qui sont masquées aussi.*)

MADAME PINCÉE. Eh ! mais... ces débardeurs... il me semble reconnaître... Monsieur Clissoir, il faut absolument savoir quels sont ces masques.... Chargez-vous des femmes, moi j'intriguerai les débardeurs...

CLISSOIR. Que diable vais-je dire à ces femmes que je ne connais pas ?...

MADAME PINCÉE. J'ai idée que ce sont nos jeunes gens.

CLISSOIR. Oh ! quant à cela... je suis bien sûr du contraire...

MADAME PINCÉE. Les débardeurs s'éloignent, attendez-moi ici... (*Elle court après les jeunes filles.*)

CLISSOIR. Cette madame Pincée qui se figure... Ce sont de très-belles femmes, voilà tout. (*Il s'approche de Polka.*) Belle dame... vous valsez comme une danseuse de corde... c'est ravissant... Et vos amies aussi... Est-ce que vous en feriez votre état ?...

(*Polka, Civet et Piston s'avancent sur le devant de la scène avec Clissoir qu'ils entourent et regardent sans lui répondre.*)

CLISSOIR (*à part*). Elles ne disent rien !... Serait-ce des sourds-muets ?... Elles en ont les gestes... (*Haut.*) Belles dames, seriez-vous muettes ?.. Je n'en serais que plus enchanté de faire votre connaissance...

POLKA (*d'une voix sourde*). Ah ! tu veux nous connaître ?

CLISSOIR. Quelle voix pour une femme !... on dirait un mirliton.

POLKA (*ôtant son masque et lui montrant une figure barbouillée de blanc*). Tiens... regarde...

CLISSOIR. Ah ! mon Dieu !.., C'est le fantôme d'une de mes victimes, feu Polka !..

PISTON (*de même*). Et feu Piston.

CLISSOIR (*tremblant*). Je suis entre deux feux.

CIVET. Regarde...

CLISSOIR. Jusqu'à feu Civet !.. C'est un bal de revenants, une réunion d'esprits... Je ne suis pas à ma place ici...

POLKA (*le retenant*). Reste là, au contraire... et dis bien ce que nous te soufflerons ; sinon, nous t'entraînons avec nous à six cent mille pieds sous terre...

CLISSOIR. Six cent mille pieds !... C'est plus profond qu'un puits artésien... Je ne pourrai jamais repousser...

MADAME PINCÉE (*revenant*). Je n'ai pu rejoindre les débardeurs... Ah ! il fait une chaleur ici... (*Elle ôte son masque.*) Je n'y tiens plus... Eh ! bien, monsieur Clissoir, avez-vous fait causer ces masques ?.. Avez-vous quelques indices ?

POLKA (*soufflant Clissoir*). Fichez-moi la paix !...

CLISSOIR (*bas*). Oh par exemple ! je n'oserai jamais dire cela...

POLKA. Fais ce que je te dis ou je t'entraîne chez Pluton.

MADAME PINCÉE. Eh ! bien, monsieur Clissoir, est-ce que vous ne m'avez pas entendue ?

POLKA (*soufflant*). Et s'il ne me plaît pas de vous répondre.

CLISSOIR. Et s'il ne me plaît pas de vous... de vous répondre.

MADAME PINCÉE. Comment, monsieur ?.. Il ne vous plaît pas !.. Vous plaisantez, sans doute ?

CLISSOIR (*soufflé par Polka*). Laissez-moi tranquille.... vous m'embêtez...

MADAME PINCÉE. Qu'est-ce que j'entends ?... Est-ce bien à moi, monsieur, que vous tenez ce langage ?..

CLISSOIR (*de même*). Oui, à vous, qui n'êtes qu'une babillarde, une braillarde, et une gueularde !...

MADAME PINCÉE. Oh ! mais c'est affreux !... c'est épouvantable !...

CLISSOIR. Votre mari vous donnait cinquante-cinq sous par mois. C'était encore trop. Vous ne méritiez que ses... vieilles chaussettes et le tour du bâton.

MADAME PINCÉE. Oh ! quelle horreur !.. Je m'évanouis... je m'affaisse. (*Les trois jeunes gens disparaissent.*)

CHOEUR.

AIR : *L'Argent, la Gloire, etc.*

Mais d'où vient donc ce tapage ?
Pourquoi crier ainsi ?
Ce Domino qu'on outrage
Met tout en l'air ici.

TOPETTE. Ah ! mon Dieu !... Madame Pincée qui éteint son gaz !

IDALIE. Qu'avez-vous donc, madame ? est-ce que le pied vous aurait tourné ?

BIBINE. Est-ce que vous auriez fait un faux pas ?

ANGORA. Est-ce qu'on vous aurait outragée ?

MADAME PINCÉE. Oh ! c'est vous, mesdemoiselles. Oh ! si vous saviez... Oui, cet indigne Clissoir m'a outragée, insultée, blessée, et personne ne prendra ma défense !..

POLKA (*revenant avec ses amis sous d'autres costumes*). Pardonnez-moi, belle dame, nous serons vos chevaliers... A genoux, l'apothicaire, et humiliez-vous devant madame !..

CLISSOIR (*à part*). Ah ! mon Dieu ! ce sont encore mes défunts.

MADAME PINCÉE. Ah ! c'est bien cela..... Jeunes gens, je vous rends mon estime, et vous épouserez vos objets... Quant à cet homme, que je méprise... laissez-le... il n'est pas digne de la pointe de votre botte !

CLISSOIR. Comment, madame Pincée, vous donnez vos ouvrières à ces messieurs... Mais ils sont tués d'hier au soir...

MADAME PINCÉE. Taisez-vous !... C'est vous qui radotez.

POLKA. J'invite madame Pincée pour la première.

PISTON. Moi pour la seconde.

CIVET. Moi pour la troisième.

MADAME PINCÉE. Avec plaisir, messieurs.

TOPETTE. V'là madame qui se lance, nous allons bambochiner.

CLISSOIR. C'est qu'ils ont vraiment l'air vivants ! C'est égal, je ne voudrais pas être à la place de ces demoiselles, la première nuit de leurs noces. (*Se jetant aux genoux de madame Pincée.*) Belle Pincée, puisque vous donnez vos ouvrières à ces trois morts, consentez à m'épouser, moi, qui ne le suis pas...

MADAME PINCÉE. Vous épouser ! après les horreurs que vous m'avez dites !

CLISSOIR. Je n'en pensais pas un mot ! Tout cela m'était soufflé par ces revenants.

MADAME PINCÉE (*le relevant*). Nous verrons... si vous me faites bien danser.

CLISSOIR. Ah ! cet espoir m'électrise ! je vais faire des prodiges ! je suis capable de rester en l'air !

Danse générale.

FIN DE L'ATELIER DE DEMOISELLES.

LIBRAIRIE THÉATRALE

ET

PUBLICATIONS PITTORESQUES

14, rue de Grammont.

EN LOCATION

Toutes les pièces françaises et italiennes

HISTOIRE, LITTÉRATURE, ROMANS ET NOUVEAUTÉS

Paris. — Imprimerie CLAYE et TAILLEFER, 7 rue Saint-Benoît.

MAGASIN GÉNÉRAL
DE PIÈCES DE THÉATRE
ANCIENNES ET NOUVELLES,

On trouve dans cette maison toutes les Collections de pièces de théâtre : **France Dramatique, Magasin Théâtral, Répertoire Dramatique, Répertoire du Théâtre royal Italien**, etc. ; Œuvres complètes, choisies, et Pièces détachées des Auteurs dramatiques anciens et modernes, ainsi qu'une grande quantité de pièces des grands et petits théâtres qui, n'ayant point été réimprimées, manquent dans le commerce.

RICHARD-COEUR-DE-LION
Opéra-comique en trois actes, paroles de **Sedaine**, musique de **Grétry**, nouvelle instrumentation par M. **A. Adam**. — 50 cent.

ZÉMIRE ET AZOR
Opéra-comique en quatre actes, paroles de **Marmontel**, musique de **Grétry**, nouvelle instrumentation de M. **A. Adam**. — 50 cent.

LE CAQUET DU COUVENT
Opéra-comique en un acte, Paroles de MM. **de Planard** et **de Leuven**, Musique de M. **H. Potier**. — 50 cent

LA CACHETTE
Opéra-comique en 3 act., par M. **Planard**, musique de **E. Boulanger**. — 1 f.

LE CORBEAU RENTIER
Vaudeville en un acte, par MM. **de Leuven** et **Brunswick**. — 50 Cent.

LES TARTELETTES A LA REINE
Vaudeville en un acte, par MM. **Vanderburch** et **de Forges**. — 50 Cent.

LES BRODEUSES DE LA REINE
Vaudeville en un acte, par MM. **J. Gabriel** et **Dupeuty**. — 50 Cent.

LE MANCHON
Comédie en deux actes, en vers, par M. **Cordellier Delanoue**. — 60 cent.

LES TROIS PORTIERS
Vaudeville en deux actes, par MM. **Dupeuty** et **E. Vanderburch**. — 60 Cent.

LE MOULIN A PAROLES
Vaudeville en un acte, par MM. **J. Gabriel et Dupeuty**. — 60 c.

QUI DORT DINE
Vaudeville en un acte, par MM. **Cordelier Delanoue** et **Roche**. — 50 c.

LE PREMIER MALADE
Vaudeville en un acte, par MM. **Vanderburch** et **Marie Aycard**. — 60 c.

LES CANARDS DE L'ANNÉE
Revue de l'année en trois actes, par MM. **Cormon** et **Grangé**. — 50 c.

LA VEUVE PINCHON
Vaudeville en un acte, par MM. **Vanderburch** et **Laurencin**. — 50 c.

LE LION ET LE RAT
Vaudeville en un acte, par MM. **de Leuven** et **P. Vermond**. — 60 c.

Imprimerie Claye, Taillefer et Ce, successeurs de H. Fournier, rue Saint-Benoît, 7.

www.ingramcontent.com/pod-product-compliance
Lightning Source LLC
Chambersburg PA
CBHW070538050426
42451CB00013B/3078